Caterina's Dream And Other Bilingual Italian-English Stories for Kids

Pomme Bilingual

Published by Pomme Bilingual, 2024.

While every precaution has been taken in the preparation of this book, the publisher assumes no responsibility for errors or omissions, or for damages resulting from the use of the information contained herein.

CATERINA'S DREAM AND OTHER BILINGUAL ITALIAN-ENGLISH STORIES FOR KIDS

First edition. November 1, 2024.

Copyright © 2024 Pomme Bilingual.

ISBN: 979-8227149541

Written by Pomme Bilingual.

Table of Contents

Luca e la Lampada Magica

Un pomeriggio di sole, Luca si trovava nella soffitta della sua Nonna, dove scatole polverose e strani oggetti antichi erano accatastati come tesori. La Nonna gli aveva detto che poteva salire a cercare "qualcosa di interessante," anche se probabilmente intendeva vecchi libri o giocattoli. Ma Luca, con i suoi grandi occhi marroni e una curiosità ancora più grande, fu attirato da un oggetto strano nell'angolo, mezzo nascosto sotto una pila di coperte.

Era una vecchia lampada di ottone, annerita dal tempo e a forma di teiera, con intricate incisioni su tutta la superficie. Luca la prese, soffiò via la polvere e la strofinò con la manica, sperando di farla brillare.

All'improvviso, con un forte POP, la lampada tremò nella sua mano e un fumo verde iniziò a fuoriuscire. La stanza si riempì di un turbinio di scintille e luccichii e, con un altro PUFF, apparve una figura: un genio, fluttuante a pochi centimetri dal pavimento, con il corpo semitrasparente e scintillante. Indossava un gilet e pantaloncini spaiati, e aveva un grande cappello floscio che continuava a scivolargli sugli occhi. Questo genio sembrava... un po' fuori allenamento.

"Chi osa disturbare il grande e potente Gino?" disse il genio con un grande gesto teatrale, aggiungendo rapidamente, "Beh, più o meno grande e abbastanza potente." Guardò intorno, confuso, come se si fosse appena svegliato da un lungo sonno.

"Ehm... io sono Luca," disse Luca, gli occhi spalancati per la meraviglia. "Sei davvero un genio?"

"Sì! E un genio molto occupato," rispose Gino, anche se non sembrava affatto occupato. "Ti concederò tre desideri, non più, non meno. Ma devo avvertirti, i desideri sono cose complicate."

La mente di Luca girava vorticosamente dall'emozione. "Tre desideri? Davvero?"

"Davvero, davvero," rispose Gino, sistemando il cappello. "Ma fai attenzione. I desideri non vanno sempre come uno si aspetta."

Luca ci pensò, toccandosi il mento. Poi, un sorriso malizioso si dipinse sul suo viso. "Per il mio primo desiderio, voglio essere il bambino più veloce del mondo!"

Con un cenno e un gesto della mano, Gino disse, "Desiderio esaudito!"

In un istante, Luca sentì un formicolio nelle gambe. Guardò in basso e si accorse che i suoi piedi si stavano già muovendo, più velocemente di quanto potesse pensare. In effetti, stava correndo, no, sfrecciando per la soffitta della Nonna come un lampo. Scese di corsa le scale, uscì dalla porta di casa e girò intorno alla piazza del paese, schivando persone e bancarelle.

Ma non riusciva a fermarsi! Luca correva così veloce che passò davanti a casa sua, poi alla sua scuola, fino a raggiungere il confine della città. Continuò finché non inciampò in una radice di un albero e cadde su un mucchio di foglie.

"Ops," disse Gino, apparendo accanto a lui. "Dimenticavo di dire che non ti puoi fermare finché non hai corso per un miglio intero."

Senza fiato ma ridendo, Luca disse, "È stato incredibile! Ma penso che ora vorrei qualcosa di un po' meno... faticoso."

Dopo un attimo di riflessione, Luca sorrise. "Per il mio secondo desiderio, voglio essere il bambino più intelligente del mondo."

Gino schioccò le dita. "Esaudito!"

Improvvisamente, la testa di Luca si riempì di fatti e idee. Ricordava ogni singolo libro che avesse mai letto, conosceva i nomi di tutte le stelle nel cielo e riusciva perfino a fare divisioni lunghe nella sua testa.

Luca era entusiasta di mostrare le sue nuove conoscenze. Corse verso la piazza del paese, dove un gruppo di adulti stava cercando di risolvere un rompicapo complicato per un gioco della festa.

"Permettetemi!" disse Luca con sicurezza, tuffandosi nel rompicapo con una serie di calcoli complessi e diagrammi. Ma era così concentrato nel suo lavoro, spiegando ogni dettaglio con le parole più complicate che riusciva a trovare, che tutti intorno a lui cominciarono a sbadigliare. Quando finì, erano tutti addormentati.

"Oh no," sospirò Luca. "Forse essere il più intelligente non è così divertente."

Gino annuì con simpatia. "A volte i cervelli possono essere un po' pesanti. Proviamo un ultimo desiderio?"

Luca ci pensò a lungo. Voleva che questo desiderio fosse diverso, qualcosa che facesse sorridere tutti, incluso lui stesso.

"Per il mio ultimo desiderio," disse, guardando il genio, "desidero far ridere tutti in città oggi."

Gli occhi di Gino scintillarono. "Una scelta eccellente! Desiderio esaudito!"

Non appena parlò, un'ondata di risatine si diffuse nell'aria. All'improvviso, una parata di bolle rosa iniziò ad apparire dal nulla, fluttuando per le strade. Ogni bolla che scoppiava sul naso, sulla mano o anche sul piede di qualcuno li faceva scoppiare a ridere. Persino le persone più serie della città si ritrovarono a ridacchiare e a ridere in modo incontrollabile.

Luca corse attraverso la piazza, facendo scoppiare bolle, e a ogni pop, qualcun altro iniziava a ridacchiare o a sorridere. Presto, tutti stavano ridendo e ballando, e perfino il fornaio brontolone si unì alla festa con un piccolo ballo.

Luca guardò Gino, che osservava la scena felice con un sorriso orgoglioso. "Grazie, Gino. Questo è stato il miglior desiderio di sempre."

Il genio annuì e diede a Luca una pacca amichevole sulla spalla. "Hai fatto bene, ragazzo. Curiosità e gentilezza insieme fanno accadere la magia."

Con un'ultima nuvola di fumo verde, Gino scomparve, lasciando solo la vecchia lampada di ottone nelle mani di Luca. Mentre Luca tornava a casa, decise che avrebbe tenuto la lampada in un posto sicuro—nel caso avesse mai avuto bisogno di un po' di magia in più.

E da quel giorno, Luca ebbe una storia da raccontare, una che faceva ridere tutti, proprio come avevano fatto le bolle magiche.

Luca and the Magic Lamp

One sunny afternoon, Luca was in his Nonna's attic, where dusty boxes and strange antiques lay piled up like treasures. Nonna had said he could go up and find "something interesting," though she likely meant old books or toys. But Luca, with his big brown eyes and an even bigger sense of curiosity, was drawn to a strange object in the corner, half-hidden under a stack of blankets.

It was an old, tarnished brass lamp, shaped like a teapot, with intricate engravings all over it. Luca picked it up, blew off the dust, and rubbed it with his sleeve, hoping it would shine.

Suddenly, with a loud POP, the lamp shook in his hand, and green smoke burst out. The room filled with a whirlwind of glitter and sparkles, and with another POOF, a figure appeared—a genie, floating just above the floor, his body half-transparent and shimmering. He was wearing a mismatched vest and shorts and had a large, floppy hat that kept slipping down over his eyes. This genie looked... a little out of practice.

"Who dares disturb the great and powerful Gino?" the genie said with a grand flourish, then quickly added, "Well, sort of great and mostly powerful." He looked around, confused, as if he'd just woken up from a long nap.

"Um... I'm Luca," said Luca, his eyes wide with wonder. "Are you really a genie?"

"Yes! And a very busy one," Gino said, though he didn't look very busy. "I'll grant you three wishes, no more, no less. But I must warn you, wishes are tricky things."

Luca's mind was spinning with excitement. "Three wishes? Really?"

"Really, really," said Gino, tilting his hat back. "But be careful. Wishes don't always turn out the way you expect."

Luca thought about it, tapping his chin. Then, a mischievous smile crept onto his face. "For my first wish, I want to be the fastest kid in the world!"

With a nod and a wave of his hand, Gino said, "Your wish is granted!"

In an instant, Luca felt a tingling in his legs. He looked down and realized his feet were already moving, faster than he could think. In fact, he was running, no, zooming around Nonna's attic in a blur. He dashed down the stairs, out the front door, and around the town square, dodging people and market stalls.

But he couldn't stop! Luca was running so fast, he shot right past his house, then his school, then all the way to the edge of town. He kept going until he finally tripped over a tree root and landed in a pile of leaves.

"Oops," Gino said, popping up beside him. "I forgot to mention—you can't stop until you run a full mile."

Out of breath but laughing, Luca said, "That was amazing! But I think I need something a little less... exhausting."

After a moment of thought, Luca grinned. "For my second wish, I want to be the smartest kid in the world."

Gino snapped his fingers. "Granted!"

Suddenly, Luca's head felt full of facts and ideas. He could remember every single book he'd ever read, knew the names of all the stars in the sky, and could even do long division in his head.

Luca was excited to show off his new knowledge. He rushed into the town square, where a group of adults was trying to figure out a tricky puzzle for a festival game.

"Allow me!" Luca said confidently, diving into the puzzle with a series of complex calculations and diagrams. But he was so wrapped up in his work, explaining every detail in the most complicated words he could think of, that everyone around him started yawning. By the time he was done, they were all asleep.

"Oh no," Luca sighed. "Maybe being the smartest isn't all that fun."

Gino nodded sympathetically. "Brains can be a bit heavy sometimes. Shall we try one more?"

Luca thought long and hard. He wanted this wish to be different, something that would make everyone smile, including himself.

"For my last wish," he said, looking up at the genie, "I wish to make everyone in town laugh today."

Gino's eyes sparkled. "An excellent choice! Wish granted!"

As soon as he spoke, a wave of giggles floated through the air. Suddenly, a parade of pink bubbles started appearing from nowhere, floating down the streets. Every bubble that popped on someone's nose, hand, or even foot made them burst out laughing. Even the most serious people in town found themselves snickering and laughing uncontrollably.

Luca ran through the square, popping bubbles, and with each pop, someone else started chuckling or grinning. Soon, everyone was laughing and dancing, and even the grumpy baker joined in with a jig.

Luca looked at Gino, who was watching the happy scene with a proud smile. "Thank you, Gino. That was the best wish ever."

The genie nodded and gave Luca a friendly pat on the shoulder. "You did well, kid. Curiosity and kindness together make magic happen."

With one last puff of green smoke, Gino vanished, leaving only the old brass lamp in Luca's hands. As Luca walked back home, he decided he'd keep the lamp somewhere safe—just in case he ever needed a little more magic.

And from that day on, Luca had a story to tell, one that made everyone laugh just as much as the magic bubbles did.

Il Sogno di Caterina

Caterina era una ragazza tranquilla con grandi sogni. Spesso si sedeva alla finestra, guardando il cielo e osservando gli uccelli che volavano liberi sopra i tetti, desiderando poter volare insieme a loro. Non era il tipo di bambina che urlava o correva come gli altri, ma la sua mente era sempre piena di idee. E la più grande di tutte era il suo sogno di volare.

Un giorno, mentre fissava le nuvole, Caterina sussurrò al suo gatto nero, Nerino, che stava acciambellato sulle sue ginocchia. "E se potessimo volare, Nerino? Non sarebbe meraviglioso?"

Nerino la guardò, i suoi occhi verdi scintillanti, come se avesse capito ogni parola. Emise un piccolo miao, che Caterina interpretò come un segno molto incoraggiante.

Era tutto ciò di cui aveva bisogno! Balzò in piedi, e Nerino saltò elegantemente sul pavimento, mentre Caterina iniziava a raccogliere materiali da tutta la casa. Pezzi di cartone, stoffa vecchia, molle da giocattoli rotti e alcuni cucchiai da cucina di sua madre (che avrebbe dovuto restituire più tardi) finirono nel suo mucchio di materiali in crescita.

La mattina successiva, Caterina e Nerino uscirono in giardino con il loro bottino. Caterina iniziò a disegnare il suo progetto nella terra e presto i suoi piani per una "macchina volante" cominciarono a prendere forma. Nerino osservava curioso, con la coda che si muoveva leggermente mentre sedeva accanto a lei.

Proprio in quel momento sentirono un fruscio nei cespugli e, con grande sorpresa, sbucò un piccolo riccio di nome Pino, che la guardava con gli occhietti sgranati.

"Che cosa stai facendo?" chiese, con una vocina quasi impercettibile.

"Sto costruendo una macchina volante," rispose Caterina, mostrandogli il suo progetto. "Vuoi aiutarmi?"

Gli occhi di Pino si illuminarono. "Oh, ho sempre desiderato sapere com'è lassù, tra le nuvole!" Si avvicinò trotterellando e iniziò ad aiutare raccogliendo piccoli ramoscelli e foglie, disponendoli con cura come se stesse costruendo un nido.

Con il passare della mattinata, sempre più animali si avvicinavano per vedere cosa stesse facendo Caterina. Fiore la volpe le portò una vecchia cinghia di cuoio che aveva trovato. "Penso che ti servirà qualcosa di resistente per tenere tutto insieme," disse, osservando la strana invenzione che stava costruendo.

Anche Pina la picciona le offrì alcune delle sue piume per "un'aerodinamica extra", come disse lei. "Fidati, ti servirà un po' di sostegno nelle ali," disse, sbattendo le sue con orgoglio.

Con l'aiuto di tutti, la macchina di Caterina cominciò a sembrare qualcosa uscito da un sogno. Aveva due grandi ali fatte di stoffa rattoppata e piume, un sedile ricavato da una vecchia cassetta di legno e la coperta preferita di Nerino stesa sul retro per comodità.

Finalmente, dopo due giorni di duro lavoro e qualche discussione divertente con Pina sull'angolazione delle ali, Caterina si allontanò per ammirare la sua creazione. La macchina volante aveva un aspetto strano, ma bellissimo. Era, in ogni modo, perfetta.

"Sei pronto, Nerino?" gli chiese, legandolo in un piccolo cestino che aveva attaccato accanto al suo sedile. Lui rispose facendo le fusa con sicurezza, come se anche lui fosse nato per volare.

Caterina si arrampicò sul sedile, con il cuore che batteva forte per l'eccitazione e un pizzico di nervosismo. Pino, Fiore e Pina si radunarono attorno a lei per darle le ultime parole di incoraggiamento.

"Tieniti forte," la avvertì Fiore, dando alla macchina una spinta leggera.

Con un respiro profondo, Caterina tirò la leva che aveva fatto con il cucchiaio di legno di sua madre, e con un forte clank, le ali cominciarono a sbattere. All'inizio si mossero appena dal suolo, ma con un altro tiro, la macchina iniziò a sollevarsi, lentamente all'inizio, poi sempre più velocemente e più in alto, finché improvvisamente—whoosh!—erano staccati da terra!

Caterina rise di gioia mentre il mondo diventava sempre più piccolo sotto di lei. Nerino sbirciava fuori dal suo cestino, i baffi che tremavano mentre guardava il paese scomparire sotto di loro. Sorvolarono i tetti, passarono oltre il campanile e sopra il fiume scintillante che serpeggiava attraverso la città.

Mentre volavano, la gente del paese alzava lo sguardo, sbalordita e salutando con la mano. "È Caterina?" sussurravano, meravigliati di vedere la ragazza timida che a malapena notavano, ora volare in alto sopra di loro come un piccolo uccellino.

Salivano sempre più in alto, fino a galleggiare tra le nuvole. Caterina allungò le braccia, sentendo il vento che le sfrecciava intorno. Guardò Nerino, che osservava con occhi spalancati pieni di meraviglia. Per la prima volta, non sembrava affatto assonnato.

Sorvolarono la campagna, scoprendo giardini nascosti, fiumi serpeggianti e campi di grano dorato. Anche Pina la picciona volò accanto a loro per un po', starnazzando indicazioni e mostrando loro i suoi posti preferiti dall'alto.

Dopo un po', mentre il sole cominciava a tramontare, Caterina guidò dolcemente la macchina verso casa. Era stanca, ma il suo cuore era leggero come l'aria. Ce l'aveva fatta—aveva volato, ed era esattamente come lo aveva sognato.

Quando atterrarono di nuovo nel giardino, Fiore, Pino e Pina erano lì ad aspettarla, acclamandola e chiedendole del viaggio. Caterina raccontò loro tutto, dai colori delle nuvole a come il mondo sembrava così piccolo visto dall'alto.

Da quel giorno, Caterina non fu più la ragazza timida che sedeva alla finestra. Era la ragazza che poteva volare—almeno nel suo cuore. E ogni volta che guardava il cielo, ricordava il giorno in cui lei e Nerino avevano sorvolato il mondo, trasportati dai sogni, dal coraggio e da un pizzico di magia.

Caterina's Dream

Caterina was a quiet girl with big dreams. She often sat by her window, looking up at the sky, watching the birds as they flew freely over the rooftops, wishing she could join them. She wasn't the type to shout or run around like the other kids, but her mind was always buzzing with ideas. And the biggest idea of all was her dream of flying.

One day, as she gazed up at the clouds, Caterina whispered to her black cat, Nerino, who sat curled in her lap. "What if we could fly, Nerino? Wouldn't that be wonderful?"

Nerino looked up at her, his green eyes gleaming, as if he understood every word. He gave a little meow, which Caterina took as a very encouraging answer.

That was all the encouragement she needed! She sprang up, Nerino jumping gracefully to the floor, and she began to gather supplies from around her house. Bits of cardboard, old cloth, springs from broken toys, and some of her mother's cooking spoons (which she'd have to return later) all made their way into her growing pile of materials.

The next morning, Caterina and Nerino headed out to the garden with her supplies. She started sketching out her plan in the dirt, and soon her blueprints for a "flying machine" began to take shape. Nerino watched with curiosity, his tail twitching as he sat beside her.

Just then, they heard a rustling in the bushes, and out popped a small hedgehog named Pino, blinking up at her.

"What are you doing?" he asked, his voice barely more than a squeak.

"I'm building a flying machine," Caterina replied, showing Pino her blueprint. "Would you like to help?"

Pino's eyes widened. "Oh, I've always wanted to see what it's like up there in the clouds!" He waddled over and began helping by gathering small twigs and leaves, carefully arranging them like he was building a nest.

As the morning went on, more animals came by to see what Caterina was up to. Fiore the fox brought her an old leather strap he'd found. "I think you'll need something strong to hold everything together," he said, eyeing the strange contraption she was building.

Pina the pigeon even offered her feathers for "extra aerodynamics," as she put it. "Trust me, you'll want a little lift in the wings," she said, flapping proudly.

With everyone's help, Caterina's machine started to look like something out of a dream. It had two large wings made of patched cloth and feathers, a seat made from an old wooden crate, and Nerino's favorite blanket draped across the back for comfort.

Finally, after two days of hard work and a few amusing disagreements with Pina over wing angles, Caterina stood back to admire her creation. The flying machine looked strange, but beautiful. It was, in every way, perfect.

"Are you ready, Nerino?" she asked, strapping him into a small basket she'd attached next to her seat. He purred confidently in response, as if he, too, was born to fly.

Caterina climbed into the seat, her heart pounding with excitement and a tiny bit of nervousness. Pino, Fiore, and Pina all gathered around to give her final words of encouragement.

"Hold on tight," warned Fiore, giving the machine a gentle nudge.

With a deep breath, Caterina pulled the lever she'd made out of her mother's wooden spoon, and with a loud clank, the wings started to flap. At first, they barely moved off the ground, but with another pull, the machine began to lift, slowly at first, then faster and higher, until suddenly—whoosh!—they were off the ground!

Caterina laughed in delight as the world grew smaller beneath her. Nerino peeked out of his basket, his whiskers twitching as he watched the town disappear below them. They soared over the rooftops, past the bell tower, and above the shimmering river that wound its way through the town.

As they flew, the townspeople looked up, gasping and waving. "Is that Caterina?" they whispered, amazed to see the shy girl they barely noticed, now flying high above them like a little bird.

Higher and higher they went, until they were floating among the clouds. Caterina stretched out her arms, feeling the wind rush past her. She looked over at Nerino, who was wide-eyed with wonder. For the first time, he didn't look the least bit sleepy.

They flew across the countryside, spotting hidden gardens, winding rivers, and fields of golden wheat. Pina the pigeon even flew alongside them for a while, squawking directions and showing them her favorite spots from the sky.

After a while, as the sun began to set, Caterina gently steered the machine back toward home. She was tired, but her heart felt as light as air. She'd done it—she'd flown, and it was everything she had dreamed it would be.

When they landed back in the garden, Fiore, Pino, and Pina were waiting, cheering her on and asking her about the journey. Caterina told them everything, from the colors of the clouds to the way the world looked so small from up high.

From that day on, Caterina was no longer the shy girl sitting by the window. She was the girl who could fly—at least in her heart. And every time she looked up at the sky, she remembered the day she and Nerino had soared above the world, carried by dreams, courage, and a little bit of magic.

Pietro e il Panino Gigante

Pietro era un ragazzo fantasioso con un talento per creare i panini più insoliti. Un pomeriggio di sole, il suo insegnante annunciò una emozionante competizione scolastica: la Grande Sfida del Panino! Gli studenti dovevano preparare il panino più grande e creativo che potessero immaginare. Il vincitore avrebbe ricevuto una lucente spatola dorata e, cosa più importante, il diritto di vantarsi a scuola!

Gli occhi di Pietro brillavano di idee. Corse a casa, ansioso di iniziare. Frugò nella cucina, raccogliendo ingredienti come un cuoco in missione. Pane? Controllato! Verdure? Controllato! Formaggio? Doppio controllo! Ma Pietro voleva che il suo panino fosse qualcosa di veramente straordinario, così decise di fare il panino più grande che il mondo avesse mai visto.

Si mise al lavoro, stratificando il pane, lattuga, pomodori, cetriolini e formaggio, impilandoli in alto. Man mano che aggiungeva sempre più ingredienti, il panino iniziò a barcollare e inclinarsi, ma Pietro era determinato. Lo chiamò "Panino Gigante"—il Panino Gigante!

Il giorno dopo a scuola, Pietro portò la sua creazione su un grande carrello. Era colossale, torreggiando sopra di lui come un delizioso grattacielo! I suoi compagni rimasero a bocca aperta mentre si radunavano intorno per vedere lo spettacolo.

"Wow, Pietro! È incredibile!" esclamò Sofia, una delle sue amiche. "Come hai fatto a farlo così grande?"

Pietro sorrideva con orgoglio. "Avevo una visione! E ho aggiunto un ingrediente segreto," disse, facendo un sorriso malizioso.

Mentre la competizione iniziava, i giudici, tra cui il signor Rossi, il preside, e la signora Clara, l'insegnante d'arte, si avvicinarono per esaminare i panini. Quando videro il Panino Gigante di Pietro, rimasero a bocca aperta.

"Questo è davvero notevole!" esclamò il signor Rossi. "Ma può qualcuno mangiarlo?"

Proprio in quel momento, accadde qualcosa di inaspettato. L'aroma invitante del panino di Pietro si diffuse attraverso le finestre aperte, attraversando il cortile della scuola e arrivando al parco vicino. Prima di lungo, una folla curiosa iniziò a radunarsi all'esterno.

Per primi arrivarono alcuni piccioni affamati, che planavano giù dagli alberi. "Coo! Coo! Ce n'è abbastanza per noi?" cooarono, beccando le briciole che cadevano dal panino.

Poi, una famiglia di conigli saltò in scena, annusando l'aria con il naso in movimento per il delizioso profumo. "Oh, che festa!" esclamò uno di loro, immaginando di stuzzicare le fette di carota del panino.

Poi, con grande sorpresa di tutti, arrivò il sindaco della città, un uomo gioviale di nome Sindaco Francesco, accompagnato da un gruppo di cittadini curiosi. "Cosa sta succedendo qui?"

chiese, ridendo di gusto e facendo sobbalzare la sua pancia. "È un panino degno di un gigante?"

Pietro ridacchiò nervosamente, rendendosi conto che la sua creazione era diventata un punto d'incontro per l'intera città. Guardò attorno ai volti ansiosi—amici, animali e persino il sindaco—tutti in attesa.

"Forse... forse dovremmo condividerlo!" suggerì, sentendo un'ondata di generosità nel suo cuore. Dopotutto, un panino gigante meritava una festa gigante!

Con l'aiuto dei suoi compagni di classe e dei cittadini, iniziarono a tagliare il panino con cura in pezzi. Ogni persona, animale e amico ricevette una giusta porzione della deliziosa creazione di Pietro. Tutti applaudirono mentre assaporavano i loro primi bocconi.

"Delizioso!" esclamò un coniglio con la bocca piena di lattuga.

"Il miglior panino di sempre!" gridò uno dei compagni di Pietro, con il viso sporco di maionese.

Mentre il sole iniziava a tramontare, risate e chiacchiere riempirono l'aria, e il parco si trasformò in un raduno festoso. Giocarono a giochi, raccontarono storie e celebrarono non solo il panino, ma anche la gioia di stare insieme.

Pietro guardò attorno, il cuore gonfio di felicità. Si era proposto di vincere una competizione, ma aveva creato qualcosa di ancora più importante: un meraviglioso momento di comunità e amicizia.

Quando i giudici del concorso tornarono per annunciare il vincitore, non poterono fare a meno di sorridere. "Pietro, potresti non avere il panino più grande rimasto, ma hai creato qualcosa di ancora più importante—uno spirito di condivisione e unità. Ti dichiariamo vincitore della Grande Sfida del Panino!"

Pietro brillava di orgoglio mentre accettava la spatola dorata, ma cosa ancora più importante, si rese conto che la parte migliore del suo panino non erano solo gli ingredienti, ma la gioia di condividerlo con tutti intorno a lui.

E da quel giorno in poi, ogni volta che sentiva scattare l'ispirazione creativa, sapeva che le migliori ricette includevano sempre un pizzico di amicizia e una spruzzata di comunità.

Pietro and the Giant Sandwich

Pietro was an imaginative boy with a talent for creating the most unusual sandwiches. One sunny afternoon, his teacher announced an exciting school competition: the Great Sandwich Challenge! Students were to make the biggest, most creative sandwich they could imagine. The winner would receive a shiny golden spatula and, more importantly, bragging rights at school!

Pietro's eyes sparkled with ideas. He rushed home, eager to get started. He rummaged through the kitchen, gathering ingredients like a chef on a mission. Bread? Check! Vegetables? Check! Cheese? Double-check! But Pietro wanted his sandwich to be something truly extraordinary, so he decided to make the biggest sandwich the world had ever seen.

He set to work, layering the bread, lettuce, tomatoes, pickles, and cheese, stacking them high. As he added more and more ingredients, the sandwich began to wobble and tilt, but Pietro was determined. He called it the "Panino Gigante"—the Giant Sandwich!

The next day at school, Pietro wheeled in his creation on a large cart. It was colossal, towering above him like a delicious skyscraper! His classmates gasped in awe as they gathered around to see the spectacle.

"Wow, Pietro! That's amazing!" shouted Sofia, one of his friends. "How did you make it so big?"

Pietro beamed with pride. "I had a vision! And I added a secret ingredient," he said, grinning mischievously.

As the competition began, the judges, including Mr. Rossi, the principal, and Ms. Clara, the art teacher, came to examine the sandwiches. When they saw Pietro's Panino Gigante, their jaws dropped.

"This is truly remarkable!" Mr. Rossi exclaimed. "But can anyone eat it?"

Just then, something unexpected happened. The tantalizing aroma of Pietro's sandwich wafted through the open windows, drifting across the schoolyard and into the nearby park. Before long, a curious crowd began to gather outside.

First came a few hungry pigeons, who flapped down from the trees. "Coo! Coo! Is there enough for us?" they cooed, pecking at the crumbs that fell from the sandwich.

Next, a family of rabbits hopped into the scene, twitching their noses at the delicious smell. "Oh, what a feast!" they exclaimed, imagining nibbling on the carrot slices from the sandwich.

Then, to everyone's surprise, the town mayor, a jolly fellow named Mayor Francesco, arrived with a group of curious townsfolk. "What's going on here?" he asked, his belly bouncing with laughter. "Is that a sandwich fit for a giant?"

Pietro chuckled nervously, realizing his creation had become a gathering point for the entire town. He looked around at the eager faces—friends, animals, and even the mayor—all waiting in anticipation.

"Maybe... maybe we should share it!" he suggested, feeling a swell of generosity in his heart. After all, a giant sandwich deserved a giant feast!

With the help of his classmates and the townspeople, they carefully sliced the sandwich into pieces. Each person, animal, and friend got a fair share of Pietro's delicious creation. Everyone cheered as they took their first bites.

"Delicious!" exclaimed a rabbit with a mouth full of lettuce.

"Best sandwich ever!" shouted one of Pietro's classmates, his face smeared with mayonnaise.

As the sun began to set, laughter and chatter filled the air, and the park transformed into a festive gathering. They played games, shared stories, and celebrated not just the sandwich, but the joy of being together.

Pietro looked around, his heart swelling with happiness. He had set out to win a competition but had created something even better: a wonderful moment of community and friendship.

When the contest judges returned to announce the winner, they couldn't help but smile. "Pietro, you may not have the biggest sandwich left, but you've created something even more important—a spirit of sharing and togetherness. We declare you the winner of the Great Sandwich Challenge!"

Pietro beamed with pride as he accepted the golden spatula, but more importantly, he realized that the best part of his sandwich wasn't just the ingredients—it was the joy of sharing it with everyone around him.

And from that day on, whenever he felt creative inspiration strike, he knew that the best recipes always included a dash of friendship and a sprinkle of community.

La Strana Zia Rosa

Ogni famiglia ha quel parente che spicca, quello che è un po'... diverso. Nella famiglia di Luca e Sofia, quella persona era la zia Rosa. Non era solo diversa; era deliziosamente strana.

La zia Rosa indossava i vestiti più peculiari—scialli dai colori vivaci, lunghe gonne con campanelli cuciti sopra e cappelli decorati con piume o persino piccole luci scintillanti. La sua casa era un vero e proprio scrigno di stranezze, piena di oggetti che aveva raccolto durante i suoi viaggi in luoghi misteriosi e lontani.

Quando la zia Rosa annunciò che stava tornando dal suo ultimo viaggio, Luca e Sofia erano elettrizzati dall'emozione. La zia Rosa portava sempre con sé qualcosa di insolito, e non vedevano l'ora di scoprire cosa avesse trovato questa volta.

Quando finalmente arrivò, la zia Rosa non deluse le aspettative. I suoi capelli erano coperti da un foulard di seta viola, e indossava una collana di pietre brillanti e lucenti. Ma nelle sue mani teneva qualcosa che catturò subito l'attenzione di Luca e Sofia: una piccola pianta verde scura, sistemata in un vaso dal design strano.

"Ragazzi," disse la zia Rosa con un sorriso malizioso, "vi presento Filomena." Posò il vaso con cura sul tavolo, e i bambini si avvicinarono per osservare meglio. La pianta aveva foglie spesse e cerose, ciascuna di un verde profondo con macchie che sembravano quasi brillare. E dal suo centro spuntava un'unica lunga vite che sembrava pulsare debolmente.

"Filomena?" chiese Sofia, perplessa. "Hai dato un nome a una pianta?"

La zia Rosa rise, un suono forte e felice. "Oh, sì, mia cara! Questa non è una pianta qualunque. L'ho trovata in un remoto villaggio di montagna, e la vecchia che me l'ha venduta ha detto che è molto speciale."

Luca strizzò gli occhi verso la pianta. "Speciale... in che senso?"

La zia Rosa si avvicinò, gli occhi scintillanti. "Si dice che Filomena cresca solo per coloro che hanno una mente aperta e un grande cuore. E di notte... beh, se ascolti attentamente, potrebbe anche sussurrarti."

I bambini si scambiarono uno sguardo. La zia Rosa aveva sempre raccontato storie stravaganti, ma c'era qualcosa in quella pianta che li faceva chiedere se, forse, non stesse inventando tutto.

Quella notte, la zia Rosa permise a Luca e Sofia di mettere Filomena su un piccolo tavolo nella loro stanza. Le fece un occhiolino e disse: "Sogni d'oro! E non dimenticate di ascoltare." Si toccò il lato del naso, come per condividere un segreto, e si addormentò.

Luca e Sofia giacevano a letto, osservando Filomena nella tenue luce della luna. Erano sul punto di addormentarsi quando Sofia udì un suono lieve—quasi un sussurro.

"Luca! Hai sentito?" sussurrò, dando un colpetto al suo fratellino.

Luca aprì gli occhi, e entrambi si sedettero, trattenendo il respiro mentre ascoltavano. Il suono proveniva da Filomena! Era come se la pianta stesse sospirando, cullando dolcemente, quasi come se stesse... cantando.

Improvvisamente, la vite al centro della pianta iniziò a muoversi. Si allungò, curvandosi verso la finestra, e le sue piccole foglie cominciarono a brillare.

I bambini saltarono giù dal letto e guardarono con stupore mentre la vite si allungava lentamente, bussando alla finestra. Senza pensarci due volte, Luca aprì la finestra e, con loro grande sorpresa, la vite si estese nella notte, puntando verso le stelle.

"Pensi che... pensi che voglia che la seguiamo?" sussurrò Sofia.

Luca deglutì, ma annuì. "La zia Rosa ha detto che era speciale..."

Così, mano nella mano, salirono fuori dalla finestra, seguendo il delicato bagliore della vite mentre li guidava lungo il sentiero del giardino e verso il bosco ai margini della casa della zia Rosa. Mentre camminavano, notarono che le altre piante sembravano piegarsi verso Filomena, come se anche loro fossero attratte dalla sua magia.

Finalmente, la vite li condusse a un piccolo spiazzo. Al centro c'era un pezzo di terra, appena scavato, dove fiorivano fiori selvatici a forma di cerchio. La vite si avvolse nel centro del cerchio, come se li invitasse a sedersi.

Si sedettero, e appena si accomodarono, l'aria intorno a loro cambiò. Le stelle sopra sembravano brillare di più, e potevano udire suoni dolci e melodici—come sussurri del vento, fruscii di foglie e risate lontane.

Fu allora che apparve la zia Rosa, con gli occhi che brillavano di gioia. "Ah! Quindi avete trovato il segreto di Filomena," disse, sistemandosi accanto a loro.

"Zia Rosa...cos'è questo posto?" chiese Luca, guardandosi intorno con meraviglia.

"Questo, miei cari, è un luogo dove immaginazione e realtà si incontrano. È un po' di magia nascosta nel mondo quotidiano." La zia Rosa sorrise, abbracciando entrambi. "Il dono di Filomena è che ci permette di vederlo, solo per un po'."

I bambini rimasero seduti con la zia, sentendo la dolce magia della notte avvolgerli. Per la prima volta, capirono che le storie della zia Rosa non erano solo storie—erano scorci su qualcosa di straordinario.

La mattina seguente, Luca e Sofia si svegliarono nei loro letti, senza alcun segno di Filomena o dello spiazzo magico. Ma mentre sbattevano le palpebre alla luce del sole del mattino, trovarono una singola foglia verde sui loro cuscini, che brillava debolmente, come per ricordare loro che forse, solo forse, la magia era reale.

Strange Aunt Rosa

Every family has that one relative who stands out, the one who is just a little bit...different. In Luca and Sofia's family, that person was Aunt Rosa. She wasn't just different; she was delightfully strange.

Aunt Rosa wore the most peculiar clothes—brightly colored shawls, long skirts with jingly bells sewn into them, and hats with feathers or even little twinkling lights. Her home was a treasure trove of oddities, filled with trinkets she had collected from her travels to mysterious, faraway places.

When Aunt Rosa announced that she was returning from her latest journey, Luca and Sofia were buzzing with excitement. Aunt Rosa always brought back something unusual, and they couldn't wait to see what she had discovered this time.

When she finally arrived, Aunt Rosa didn't disappoint. Her hair was covered with a purple silk scarf, and she wore a necklace made of bright, shiny stones. But in her hands, she held something that caught Luca and Sofia's eyes immediately—a small, dark green plant, nestled in a strange-looking pot.

"Children," Aunt Rosa said with a mischievous smile, "meet Philomena." She set the pot carefully on the table, and the kids leaned in to get a closer look. The plant had thick, waxy leaves, each one a deep green with spots that looked almost like they were glowing. And from its center sprouted a single, long vine that seemed to pulse faintly.

"Philomena?" Sofia asked, puzzled. "You gave a plant a name?"

Aunt Rosa laughed, a loud and happy sound. "Oh, yes, my dear! This is no ordinary plant. I found her in a remote mountain village, and the old woman who sold her to me said she is very special."

Luca squinted at the plant. "Special...how?"

Aunt Rosa leaned in close, her eyes sparkling. "They say Philomena only grows for those with an open mind and a big heart. And at night...well, if you listen carefully, she might just whisper to you."

The kids exchanged a look. Aunt Rosa had always told wild stories, but there was something about this plant that made them wonder if, just maybe, she wasn't making it up.

That night, Aunt Rosa let Luca and Sofia set Philomena on a small table in their room. She winked and said, "Sweet dreams! And don't forget to listen." She tapped the side of her nose, as if sharing a secret, and drifted off to bed.

Luca and Sofia lay in bed, watching Philomena in the faint moonlight. They were just about to fall asleep when Sofia heard a soft sound—almost like a whisper.

"Luca! Did you hear that?" she whispered, nudging her brother.

He opened his eyes, and both of them sat up, holding their breath as they listened. The sound was coming from Philomena! It was as if the plant was sighing, humming softly, almost like it was...singing.

Suddenly, the vine in the middle of the plant started to move. It stretched, curling toward the window, and its tiny leaves began to shimmer.

The kids scrambled out of bed and watched in amazement as the vine slowly reached up, tapping the window. Without thinking, Luca opened it, and to their surprise, the vine stretched out into the night, pointing toward the stars.

"Do you think...do you think she wants us to follow?" Sofia whispered.

Luca gulped but nodded. "Aunt Rosa did say she was special..."

So, hand in hand, they climbed out the window, following the vine's soft glow as it led them down the garden path and toward the woods at the edge of Aunt Rosa's house. As they walked, they noticed that the other plants seemed to lean toward Philomena, as if they, too, were drawn to her magic.

Finally, the vine led them to a small clearing. In the center was a patch of earth, freshly dug, where wildflowers were blooming in the shape of a circle. The vine curled itself into the center of the circle, as if inviting them to sit.

They did, and as soon as they sat down, the air around them changed. The stars above seemed to grow brighter, and they could hear soft, melodic sounds—like whispers of the wind, the rustling of leaves, and far-off laughter.

It was then that Aunt Rosa appeared, her eyes gleaming with joy. "Ah! So you've found Philomena's secret," she said, settling down beside them.

"Aunt Rosa...what is this place?" Luca asked, looking around in wonder.

"This, my dears, is a place where imagination and reality come together. It's a little bit of magic hidden in the everyday world." Aunt Rosa smiled, putting an arm around each of them. "Philomena's gift is that she lets us see it, just for a while."

The children sat with their aunt, feeling the night's gentle magic wrap around them. For the first time, they understood that Aunt Rosa's stories weren't just stories—they were glimpses into something extraordinary.

The next morning, Luca and Sofia woke up in their beds, with no sign of Philomena or the magical clearing. But as they blinked in the early sunlight, they found a single green leaf on their pillows, glowing faintly, as if to remind them that maybe, just maybe, magic was real.

Il Tesoro di Tommaso

Tommaso aveva un talento per trovare cose. Era il tipo di ragazzo che notava una moneta luccicante per terra quando gli altri passavano accanto senza vederla, o scopriva una piccola coccinella nascosta in un cespuglio. Ma non stava cercando monete o coccinelle in quel pomeriggio piovoso in cui si trovava nella libreria del vecchio Pietro: stava semplicemente cercando una buona storia.

La libreria del vecchio Pietro era un luogo magico, pieno di scaffali polverosi carichi di libri di ogni tipo. Tommaso amava quel posto; poteva passare ore a sfogliare, perdendosi nelle parole e nei mondi che scopriva sulle pagine.

Mentre allungava la mano verso un vecchio libro consumato, qualcosa scivolò fuori dalle sue pagine e svolazzò a terra. Tommaso lo raccolse, notando che era una piccola mappa ingiallita, coperta di linee sbiadite e simboli strani. In cima, scritte con una calligrafia curva, c'erano le parole "Verso il Vero Tesoro".

Con il cuore che batteva forte, Tommaso guardò intorno, ma il vecchio Pietro era immerso in una conversazione con un cliente. Stringendo la mappa, Tommaso la infilò nella tasca e uscì sotto la pioggia leggera, sentendosi un vero avventuriero.

Una volta tornato nella sua stanza, Tommaso stese la mappa sul letto. Era sicuramente una mappa del suo villaggio, che mostrava il vecchio pozzo nella piazza del paese, il fiume tortuoso e il piccolo ponte vicino alla panetteria. Ma c'erano anche simboli strani disegnati lungo il percorso: una quercia, una panchina di pietra e una piccola X accanto a ciascuno.

La prima X era segnata accanto al vecchio pozzo, quindi Tommaso decise di iniziare da lì.

La mattina seguente, partì per la sua caccia al tesoro, portando con sé un piccolo quaderno per annotare eventuali indizi trovati. Quando arrivò al pozzo, si guardò intorno con attenzione. In un primo momento non vide nulla di strano, ma poi notò qualcosa incastrato tra due pietre allentate. Era un piccolo pezzo di carta piegato. Srotolandolo, lesse le parole: "Dove il fiume canta."

"Il fiume!" esclamò Tommaso, sorridendo. Sapeva esattamente dove andare dopo.

Si affrettò lungo il sentiero verso il fiume, dove poteva sentire il dolce scorrere dell'acqua sulle rocce. Cercò lungo la riva, con gli occhi che scrutavano ogni angolo, fino a quando vide qualcosa brillare nel fango. Si chinò e trovò una vecchia moneta ossidata con un piccolo disegno di un albero su un lato.

Un indizio! Girò la moneta e vide una sola parola incisa su di essa: "Panchina."

Tommaso non ebbe bisogno di pensarci due volte; corse verso la piccola panchina di pietra vicino alla panetteria, uno dei suoi posti preferiti per sedersi e osservare il mondo che passava. Quando arrivò, fece scorrere le dita lungo i bordi della panchina fino a sentire qualcosa scolpito nella pietra. Era una freccia, che indicava verso le colline appena oltre il villaggio.

Con il cuore che batteva forte, si diresse verso le colline, la mente che vorticosamente si riempiva di eccitazione. Seguì la direzione della freccia, salendo lungo un sentiero che portava a un grande, antico albero di quercia.

Quando raggiunse l'albero, notò un piccolo cuore inciso nella sua corteccia, con le iniziali "R & M" all'interno. La vista lo fece fermare. Riconobbe le iniziali: appartenevano ai suoi nonni, Rosa e Marco. Tommaso sentì un caldo sorriso diffondersi sul suo volto. I suoi nonni avevano condiviso storie della loro gioventù, di lettere d'amore e messaggi segreti, e ora si sentiva come se stesse condividendo un pezzo del loro mondo.

Ma dov'era il tesoro?

Si guardò intorno e notò un piccolo ciuffo di fiori selvatici alla base dell'albero. Con cautela, si inginocchiò e spostò i fiori. Lì, nella terra morbida, trovò una piccola scatola di latta arrugginita. Con mani tremanti, la aprì.

Dentro c'era un pacchetto di lettere, ognuna legata con un delicato nastro. Erano le lettere dei suoi nonni l'uno per l'altro, piene di parole d'amore e sogni per il futuro. C'era anche una fotografia sbiadita di loro, giovani e sorridenti, in piedi sotto lo stesso albero di quercia. Sul fondo della scatola c'era un biglietto, scritto con la calligrafia familiare di suo nonno:

"Caro Tommaso,

Se hai trovato questo, significa che sei curioso e avventuroso come speravo. Questo è il tesoro della nostra famiglia: le nostre storie, il nostro amore e i nostri sogni. Ricorda, il tesoro non è sempre oro o gioielli. A volte, è l'amore e i ricordi che lasciamo dietro di noi. Prenditi cura di essi, proprio come noi ci siamo presi cura di te."

Tommaso rimase lì a lungo, sentendo il peso delicato delle lettere e le parole che contenevano. Non aveva trovato oro o gioielli, ma qualcosa di ancora più prezioso: un promemoria dell'amore della sua famiglia e delle storie che li univano attraverso le generazioni.

Con il cuore colmo, Tommaso ripose con cura le lettere nella scatola di latta e le riportò nel loro nascondiglio. Sapeva che un giorno sarebbe tornato a leggerle, per condividere di nuovo i sogni dei suoi nonni.

Mentre tornava al villaggio, si sentiva più ricco che mai. Non aveva trovato solo un tesoro; aveva trovato un pezzo del cuore della sua famiglia, e lo portava con sé, una promessa silenziosa d'amore che sarebbe durata per sempre.

Tommaso's Treasure

Tommaso had a knack for finding things. He was the kind of boy who would spot a shiny coin on the ground when others would walk right past, or notice a tiny ladybug nestled in a bush. But he wasn't looking for coins or ladybugs on the rainy afternoon he found himself in Old Pietro's bookshop—he was simply looking for a good story.

Old Pietro's bookshop was a magical place, full of dusty shelves stacked with books of every kind. Tommaso loved it there; he could spend hours browsing, losing himself in the words and worlds he discovered on the pages.

As he reached for an old, weathered book, something slipped out from between its pages and fluttered to the ground. Tommaso picked it up, noticing that it was a small, yellowed map, covered with faded lines and strange symbols. At the top, written in swirly handwriting, were the words "To the True Treasure."

His heart racing, Tommaso looked around, but Old Pietro was deep in conversation with a customer. Clutching the map, Tommaso slid it into his pocket and headed out into the drizzle, feeling like a real-life adventurer.

Once he was back in his room, Tommaso spread the map out on his bed. It was definitely a map of his village, showing the old well in the town square, the winding river, and the little bridge near the bakery. But there were also strange symbols drawn along the way—an oak tree, a stone bench, and a small X beside each one.

The first X was marked next to the old well, so Tommaso decided to start there.

The next morning, he set out on his treasure hunt, carrying a small notebook to jot down any clues he found. When he reached the well, he looked around carefully. At first, he didn't see anything unusual, but then he spotted something tucked between two loose stones. It was a small, folded piece of paper. Unfolding it, he read the words, "Where the river sings."

"The river!" Tommaso said to himself, grinning. He knew exactly where to go next.

He hurried along the path toward the river, where he could hear the gentle rush of water over the rocks. He searched along the bank, his eyes scanning every nook and cranny, until he saw something glinting in the mud. He reached down and found an old, tarnished coin with a tiny etching of a tree on one side.

A clue! He turned the coin over and saw a single word scratched into it: "Bench."

Tommaso didn't need to think twice; he raced toward the small stone bench near the bakery, one of his favorite spots to sit and watch the world go by. When he reached it, he ran his fingers along the edges of the bench until he felt something carved into the stone. It was an arrow, pointing toward the hills just beyond the village.

With his heart beating fast, he headed for the hills, his mind swirling with excitement. He followed the arrow's direction, climbing up a small path that led to a big, ancient oak tree.

When he reached the tree, he noticed a tiny heart carved into its bark, with the initials "R & M" inside. The sight made him pause. He recognized the initials—they belonged to his grandparents, Rosa and Marco. Tommaso felt a warm smile spread across his face. His grandparents had shared stories of their youth, of love letters and secret messages, and now he felt as if he were sharing a piece of their world.

But where was the treasure?

He looked around and noticed a little patch of wildflowers at the base of the tree. Carefully, he knelt down and moved the flowers aside. There, in the soft earth, he found a small, rusty tin box. With trembling hands, he opened it.

Inside was a bundle of letters, each one tied with a delicate ribbon. They were his grandparents' letters to each other, filled with words of love and dreams for the future. There was also a faded photograph of them, young and smiling, standing beneath the same oak tree. At the bottom of the box was a note, written in his grandfather's familiar scrawl:

"Dear Tommaso,

If you've found this, it means you're as curious and adventurous as I hoped. This is the treasure of our family—our stories, our love, and our dreams. Remember, treasure isn't always gold or jewels. Sometimes, it's the love and memories we leave behind. Take care of them, just as we have taken care of you."

Tommaso sat there for a long time, feeling the gentle weight of the letters and the words within them. He hadn't found gold or jewels, but something even more precious: a reminder of his family's love and the stories that connected them across generations.

With a full heart, Tommaso carefully placed the letters back in the tin and returned them to their hiding place. He knew he would return to read them one day, to share in his grandparents' dreams again.

As he walked back to the village, he felt richer than ever. He hadn't just found a treasure; he had found a piece of his family's heart, and he carried it with him, a silent promise of love that would last forever.

L'Asino Coraggioso

Amelia viveva in una fattoria animata con la sua famiglia e un affascinante asinello di nome Ciccio. Ciccio non era un asino qualunque: era il migliore amico di Amelia. Facevano tutto insieme, dal dare da mangiare alle galline a correre nei campi. Ciccio era gentile, un po' goffo e amava la vita semplice della fattoria. Ma c'era una cosa per cui Ciccio non era conosciuto: il coraggio.

Una luminosa mattina, Amelia notò un eccitante manifesto affisso al cancello del campo della fiera del villaggio. Diceva: "Concorso Annuale di Coraggio! Chi dimostrerà di essere il più coraggioso di tutti?"

Il premio? Una brillante medaglia d'oro e una fornitura di carote per un anno! Le orecchie di Ciccio si rizzarono al solo sentire la parola "carote", e Amelia poté vedere un luccichio nei suoi occhi.

"Voglio partecipare!" ragliò Ciccio, scodinzolando per l'emozione.

Amelia rise. "Ciccio, sei gentile e divertente, ma non sei esattamente... coraggioso."

Ma Ciccio era determinato. "Posso essere coraggioso! Vedrai, Amelia."

Così Amelia li iscrisse e iniziarono a prepararsi per il grande concorso. La voce si sparse velocemente nel villaggio, e presto tutti parlavano del concorso di coraggio. Gli animali della fattoria si divertirono a vedere Ciccio praticare la sua faccia coraggiosa nel campo, con le labbra serrate e le orecchie piccole dritte in piedi.

Il giorno del concorso, il campo della fiera era pieno di villager che applaudivano. C'erano cani, gatti, un capretto vivace di nome Giuseppe e persino un pappagallo di nome Pippo, tutti pronti a dimostrare il loro coraggio. Ma Ciccio si distinse come l'unico asino in gara e non poté fare a meno di sentirsi un po' nervoso.

Il concorso iniziò con il "Test della Maschera Spaventosa." I coraggiosi concorrenti dovevano passare davanti a una fila di maschere spettrali senza battere ciglio. I cani trottavano con sicurezza, i gatti si pavoneggiavano con la coda alta, ma quando fu il turno di Ciccio, si fermò.

Amelia sussurrò: "Ricorda, Ciccio, sei coraggioso!"

Ciccio fece un profondo respiro e fece un passo tremolante in avanti. Camminò oltre le maschere, le gambe tremolanti ma gli occhi fissi davanti a sé. Quando raggiunse l'altro lato, la folla applaudì e Ciccio sentì un'ondata di orgoglio.

Il prossimo era il "Test del Rumore Forte." Gli animali dovevano rimanere fermi mentre tamburi e campane suonavano nelle vicinanze. Le grandi orecchie di Ciccio si muovevano ad ogni colpo e clangore, ma rimase immobile, anche quando i rumori si facevano sempre più forti. Alla fine, era riuscito a rimanere radicato in posizione, gli occhi strizzati, e la folla applaudì di nuovo, colpita dalla sua determinazione.

Ma la sfida finale era la più difficile: Il Ponte delle Bolle. Gli animali dovevano attraversare un ponte traballante coperto di bolle di sapone. Molti concorrenti scivolarono, caddero e barcollarono, ma Ciccio fece un profondo respiro e posò il suo zoccolo sul ponte. Le bolle scoppiettavano e frizzavano sotto di lui mentre procedeva lentamente e con attenzione. A un certo punto, quasi scivolò, ma Amelia gridò: "Dai, Ciccio! Sei quasi arrivato!"

Con un ultimo passo, Ciccio raggiunse l'altro lato. Amelia corse da lui, abbracciandolo attorno al collo. "Ce l'hai fatta, Ciccio! Sei stato coraggioso!"

Proprio mentre i giudici stavano per annunciare il vincitore, un forte belato si udì. Il capretto vivace, Giuseppe, si era accidentalmente incastrato con lo zoccolo nella recinzione della fiera. La folla trattenne il respiro mentre lui si dimenava, incapace di liberarsi.

Senza pensarci due volte, Ciccio galoppò verso di lui, spingendo lo zoccolo di Giuseppe con il naso finché non si liberò. Il piccolo capretto gli fece un bleato di gratitudine, e la folla esplose in applausi.

I giudici si guardarono l'un l'altro, annuendo in segno di accordo. Alzarono le voci, annunciando: "Il vincitore del concorso di coraggio di quest'anno è... Ciccio, il coraggioso asino!"

Amelia e Ciccio faticarono a crederci. Ciccio stava dritto e fiero mentre i giudici gli mettevano al collo la lucente medaglia d'oro e gli consegnavano un sacchetto traboccante di carote fresche.

Mentre tornavano a casa quella sera, Amelia diede a Ciccio una pacca orgogliosa. "Sai, Ciccio, il coraggio non riguarda solo l'essere grandi o feroci. Si tratta di fare la cosa giusta, anche quando si ha paura."

Ciccio ragliò felicemente, masticando una carota. Potrebbe non sembrare un eroe tradizionale, ma sapeva, nel profondo, che il coraggio assumeva tutte le forme e le dimensioni—anche nel cuore di un asino impacciato e adorabile come lui.

The Brave Donkey

Amelia lived on a bustling farm with her family and a charming donkey named Ciccio. Ciccio wasn't just any donkey—he was Amelia's best friend. They did everything together, from feeding the chickens to racing through the fields. Ciccio was gentle, a little clumsy, and loved the simple life on the farm. But there was one thing Ciccio wasn't known for: bravery.

One bright morning, Amelia noticed an exciting poster nailed to the gate of the village fairground. It read: "Annual Bravery Contest! Who will prove to be the bravest of them all?"

The prize? A shiny gold medal and a year's supply of carrots! Ciccio's ears perked up at the mention of carrots, and Amelia could see a gleam in his eye.

"I want to enter!" Ciccio brayed, his tail wagging in excitement.

Amelia laughed. "Ciccio, you're kind and funny, but you're not exactly... brave."

But Ciccio was determined. "I can be brave! You'll see, Amelia."

So Amelia signed them up, and they began to prepare for the big contest. Word spread fast across the village, and soon everyone was talking about the bravery contest. The farm animals snickered as they watched Ciccio practicing his brave face in the field, his lips pressed tight, and his little ears standing straight up.

On the day of the contest, the fairground was filled with cheering villagers. There were dogs, cats, a feisty goat named Giuseppe, and even a parrot named Pippo, all ready to prove their bravery. But Ciccio stood out as the only donkey in the lineup, and he couldn't help but feel a little nervous.

The contest began with the "Scary Mask Test." The brave contestants had to walk past a row of spooky masks without flinching. The dogs trotted by confidently, the cats strutted with their tails high, but when it was Ciccio's turn, he paused.

Amelia whispered, "Remember, Ciccio, you're brave!"

Ciccio took a deep breath and took a shaky step forward. He walked past the masks, his legs trembling but his eyes fixed ahead. When he made it to the other side, the crowd cheered, and Ciccio felt a rush of pride.

Next was the "Loud Noise Challenge." The animals had to stand still while loud drums and bells played nearby. Ciccio's big ears twitched with every bang and clang, but he stayed put, even when the noises grew louder and louder. By the end of it, he had managed to stay rooted in place, his eyes squeezed shut, and the crowd clapped again, impressed by his determination.

But the final challenge was the toughest yet: The Bridge of Bubbles. The animals had to walk across a wobbly bridge covered in soapy bubbles. Many contestants slipped, slid, and stumbled, but Ciccio took a deep breath and placed his hoof on the bridge. The bubbles popped and fizzed beneath him as he slowly, carefully made his way across. At one point, he almost slipped, but Amelia shouted, "Come on, Ciccio! You're nearly there!"

With one last step, Ciccio reached the other side. Amelia ran to him, throwing her arms around his neck. "You did it, Ciccio! You were brave!"

Just as the judges were about to announce the winner, a loud yelp rang out. The feisty goat, Giuseppe, had accidentally gotten his hoof stuck in the fairground's fence. The crowd gasped as he struggled, unable to free himself.

Without a second thought, Ciccio galloped over, nudging Giuseppe's hoof with his nose until it was free. The little goat gave him a grateful bleat, and the crowd erupted in cheers.

The judges looked at each other, nodding in agreement. They raised their voices, announcing, "This year's bravery contest winner is... Ciccio the Brave Donkey!"

Amelia and Ciccio could hardly believe it. Ciccio stood tall as the judges placed the shiny gold medal around his neck and handed him a bag overflowing with fresh carrots.

As they walked home that evening, Amelia gave Ciccio a proud pat. "You know, Ciccio, bravery isn't just about being big or fierce. It's about doing the right thing, even when you're scared."

Ciccio brayed happily, munching on a carrot. He may not have looked like a traditional hero, but he knew, deep down, that courage came in all shapes and sizes—even in the heart of a clumsy, lovable donkey like him.

Lina e la Luna Dispettosa

In un piccolo villaggio circondato da campi e colline, viveva una bambina curiosa e avventurosa di nome Lina. Ogni sera, si sedeva nel giardino di casa per osservare le stelle, affascinata dalla loro bellezza e mistero. Ma tra tutte, era la Luna a catturare più di ogni altra cosa il suo cuore. Lina sognava un giorno di poter viaggiare fino a lì, di camminare sulla sua superficie scintillante.

Una sera, mentre fissava il cielo, Lina notò che la Luna sembrava insolitamente vicina. Era grande, luminosa, e... sembrava che le facesse l'occhiolino! In preda all'emozione, Lina sussurrò il suo desiderio: "Oh, quanto vorrei visitarti, cara Luna!"

La Luna, sentendo il desiderio di Lina, rise piano, e decise di giocarle un piccolo scherzo. "Vediamo quanto è curiosa e coraggiosa questa piccola sognatrice," pensò tra sé e sé. Così, ogni notte, la Luna iniziò a perdere un po' della sua luce, lasciando che Lina risolvesse un mistero per aiutarla a recuperarla.

La prima notte, Lina notò che la Luna era meno luminosa del solito. Sul suo cammino, trovò un indizio: un sassolino lucente proprio davanti a casa sua. Non appena lo raccolse, un gufo saggio le volò vicino e le sussurrò, "Segui i riflessi della luce, e troverai ciò che cerchi."

Curiosa, Lina seguì le tracce lasciate dal gufo fino a una piccola pozza d'acqua che rifletteva il cielo stellato. Era come se un pezzetto di Luna fosse caduto proprio lì. "Ecco un pezzo di luce lunare!" esclamò Lina, raccogliendo una minuscola pietra riflettente dalla pozza. Con il cuore colmo di entusiasmo, la portò nel suo giardino, alzandola verso la Luna. E in quell'istante, la Luna sembrò brillare un po' di più.

La seconda notte, la Luna era di nuovo più debole. Questa volta, Lina trovò una piccola lucciola che sembrava danzare intorno a lei. "Vuoi aiutare la Luna, vero?" cinguettò la lucciola, accendendo la sua luce e guidando Lina lungo un sentiero fino a un fiore argentato nascosto tra l'erba. Il fiore sembrava brillare di una luce propria, quasi fosse un altro frammento di luce lunare. Lina lo raccolse delicatamente e lo alzò verso il cielo, restituendo alla Luna un po' della sua luminosità.

Ogni notte, Lina continuò la sua ricerca. Incontrò un grillo loquace che le raccontò di una pietra speciale che splendeva come la Luna stessa, e con l'aiuto dei suoi nuovi amici del villaggio, trovò sempre un pezzetto di quella luce magica.

Alla fine, dopo varie notti di avventure e piccoli misteri, Lina riuscì a raccogliere tutti i pezzi della luce della Luna. Si alzò in punta di piedi e alzò le mani verso il cielo, tenendo tutti quei frammenti luminosi. Non appena li sollevò, la Luna brillò di nuovo, più luminosa e splendente di quanto Lina avesse mai visto.

In quel momento, la Luna le regalò una visione incantevole: il cielo sopra il suo giardino si riempì di scintillanti polvere di stelle, come un mare di luce che ondeggiava sopra di lei. Lina rimase lì, con il cuore colmo di gioia, osservando quel meraviglioso spettacolo.

Alla fine, mentre le palpebre si facevano pesanti, Lina comprese che, anche se non avrebbe visitato la Luna di persona, il cielo notturno aveva una magia tutta sua. Con un sorriso, si addormentò sotto la luce delle stelle, felice della sua avventura e sognando di volare tra le stelle.

Lina and the Mischievous Moon

In a small village surrounded by fields and hills, there lived a curious and adventurous little girl named Lina. Every evening, she would sit in her backyard, gazing up at the stars, fascinated by their beauty and mystery. But more than anything, it was the Moon that captured her heart. Lina dreamed of one day traveling there, of walking on its shimmering surface.

One evening, as she stared at the sky, Lina noticed that the Moon seemed unusually close. It was big, bright, and... it looked like it was winking at her! Overcome with excitement, Lina whispered her wish, "Oh, how I'd love to visit you, dear Moon!"

The Moon, hearing Lina's wish, chuckled softly and decided to play a little trick on her. "Let's see just how curious and brave this little dreamer is," it thought to itself. So, each night, the Moon began to lose a bit of its light, creating a mystery for Lina to solve and help it regain its glow.

The first night, Lina noticed that the Moon was less bright than usual. On her path, she found a clue: a shiny pebble right in front of her house. Just as she picked it up, a wise owl flew near her and whispered, "Follow the reflections of the light, and you'll find what you're looking for."

Curious, Lina followed the traces left by the owl until she came across a small puddle reflecting the starry sky. It was as if a piece of the Moon had fallen right there. "Here's a piece of moonlight!" Lina exclaimed, picking up a tiny reflective stone from the puddle. Her heart full of excitement, she brought it back to her garden, lifting it toward the Moon. In that instant, the Moon seemed to shine a little brighter.

The second night, the Moon was dimmer once again. This time, Lina found a small firefly that seemed to be dancing around her. "You want to help the Moon, don't you?" chirped the firefly, lighting up and guiding Lina along a path to a silvery flower hidden in the grass. The flower seemed to glow with its own light, almost like another fragment of moonlight. Lina gently picked it up and raised it to the sky, returning a bit of its glow to the Moon.

Each night, Lina continued her quest. She met a chatty cricket who told her about a special stone that shone like the Moon itself, and with the help of her new friends from the village, she always found a little piece of that magical light.

Finally, after several nights of adventures and little mysteries, Lina managed to gather all the pieces of the Moon's light. She stood on tiptoe and raised her hands toward the sky, holding all those luminous fragments. As soon as she lifted them up, the Moon shone again, brighter and more radiant than Lina had ever seen.

At that moment, the Moon gifted her an enchanting vision: the sky above her garden filled with shimmering stardust, like a sea of light waving above her. Lina stood there, her heart full of joy, watching the marvelous display.

In the end, as her eyelids grew heavy, Lina realized that, even if she wouldn't visit the Moon in person, the night sky held a magic all its own. With a smile, she drifted off to sleep under the starlight, happy with her adventure and dreaming of soaring among the stars.

Marco e il Vento Sussurrante

In un piccolo villaggio circondato da colline, prati e un ruscello scintillante, viveva un bambino di nome Marco. Marco era un ragazzo timido e riflessivo, e adorava passare il tempo all'aria aperta, vicino alla foresta. Sebbene amasse la natura, spesso si sentiva insicuro e incerto sulle sue capacità.

Un pomeriggio tranquillo, mentre passeggiava nel bosco, Marco sentì un lieve sussurro. All'inizio pensò che fosse solo il fruscio delle foglie, ma poi si accorse che il vento sembrava... parlare con lui! La brezza gli scompigliava i capelli e faceva ondeggiare i rami degli alberi, come se volesse invitarlo a seguirla.

"Ciao, Marco," sussurrò il vento con voce gentile e giocosa. "Ho visto che ami la natura. Ti va di seguirmi? Ho delle piccole sfide per te."

Marco, incuriosito e un po' emozionato, annuì. Ogni giorno, il vento gli proponeva una nuova prova, aiutandolo a scoprire il mondo intorno a lui e a trovare fiducia in sé stesso.

La prima sfida fu quella di osservare. Il vento guidò Marco verso una piuma lucente, posata delicatamente su un cespuglio. "Questa piuma rappresenta la leggerezza," gli disse il vento. "Portala con te e ricorda: a volte, la risposta è più vicina di quanto pensi." Con un sorriso, Marco raccolse la piuma e la mise in tasca, sentendosi già un po' più sicuro.

Il giorno successivo, il vento condusse Marco al ruscello, dove trovò un sassolino a forma di cuore. "Questo è per te, Marco," sussurrò il vento. "Ricorda di ascoltare sempre il tuo cuore." Marco prese il sassolino e lo strinse tra le mani, grato per quell'insegnamento.

Durante una delle sue passeggiate, Marco incontrò Gina, una coniglietta amichevole. Gina lo guardò curiosa e, vedendo i tesori raccolti, decise di seguirlo. Insieme esplorarono il bosco, mentre il vento li guidava di avventura in avventura.

Un giorno, il vento soffiò più forte e attirò Marco e Gina verso una piccola foglia dai colori brillanti, nascosta tra i fili d'erba. "Prendila," disse il vento. "A volte, la bellezza si nasconde nelle cose più piccole." Marco raccolse la foglia e la sollevò, osservandola incantato.

Infine, dopo giorni di piccole scoperte, il vento condusse Marco su una collina che si affacciava su tutto il villaggio, immerso nella luce dorata del tramonto. "Ora, Marco," disse il vento dolcemente, "urla al mondo il tuo sogno più grande."

Marco esitò, ma poi si fece coraggio. Si alzò in punta di piedi, respirò a fondo e gridò il suo desiderio al cielo, sentendosi libero e fiero. Gina saltellava intorno a lui, gioiosa, mentre il vento continuava a sussurrare parole di incoraggiamento.

Quando tornò a casa quella sera, Marco si sentiva diverso. Aveva trovato in sé una nuova forza e fiducia, e aveva imparato che la natura poteva essere una guida preziosa, capace di rivelargli le sue qualità nascoste.

Quella notte, prima di addormentarsi, Marco ringraziò il vento, il suo invisibile amico. Chiuse gli occhi con un sorriso, sognando di nuove avventure e di tutti i misteri che la natura aveva ancora in serbo per lui.

Marco and the Whispering Wind

In a small village surrounded by hills, meadows, and a sparkling stream, there lived a boy named Marco. Marco was a shy and thoughtful boy who loved spending time outdoors, close to the forest. Although he loved nature, he often felt unsure and uncertain about his abilities.

One quiet afternoon, while walking through the woods, Marco heard a soft whisper. At first, he thought it was just the rustling of leaves, but then he realized that the wind seemed to be... speaking to him! The breeze ruffled his hair and swayed the branches, as if inviting him to follow.

"Hello, Marco," whispered the wind with a gentle, playful voice. "I see you love nature. Would you like to follow me? I have some little challenges for you."

Marco, intrigued and a bit excited, nodded. Each day, the wind presented him with a new task, helping him discover the world around him and build confidence in himself.

The first challenge was to observe. The wind guided Marco to a shiny feather, delicately placed on a bush. "This feather represents lightness," the wind told him. "Keep it with you and remember: sometimes the answer is closer than you think." Smiling, Marco picked up the feather and put it in his pocket, already feeling a bit more secure.

The next day, the wind led Marco to the stream, where he found a pebble shaped like a heart. "This is for you, Marco," whispered the wind. "Remember to always listen to your heart." Marco took the pebble and held it tightly, grateful for this teaching.

During one of his walks, Marco met Gina, a friendly rabbit. Gina looked at him curiously, and seeing the treasures he had gathered, decided to join him. Together, they explored the forest, as the wind guided them from one adventure to another.

One day, the wind blew a little stronger and led Marco and Gina to a small, brightly colored leaf hidden among the blades of grass. "Take it," said the wind. "Sometimes, beauty hides in the smallest things." Marco picked up the leaf and held it up, enchanted as he looked at it.

Finally, after days of little discoveries, the wind led Marco to a hill overlooking the whole village, bathed in the golden light of the setting sun. "Now, Marco," the wind said gently, "shout your biggest dream to the world."

Marco hesitated but then gathered his courage. He stood on his tiptoes, took a deep breath, and shouted his wish to the sky, feeling free and proud. Gina hopped around him joyfully as the wind continued to whisper words of encouragement.

When Marco returned home that evening, he felt different. He had found a new strength and confidence within himself, and he had learned that nature could be a precious guide, revealing his hidden qualities.

That night, before drifting off to sleep, Marco thanked the wind, his invisible friend. He closed his eyes with a smile, dreaming of new adventures and all the mysteries nature still held for him.